GUÍA DE LECTURA

Escrita por Maria Puerto Gomez
Traducida por Laura Bernal Martín

Vuelo nocturno

de Antoine de Saint-Exupéry

GUÍA DE LECTURA

Entiende fácilmente la literatura con

ResumenExpress.com

www.resumenexpress.com

ANTOINE DE SAINT- EXUPÉRY

ESCRITOR, POETA Y AVIADOR FRANCÉS

- **Nacido en 1900 en Lyon (Francia)**
- **Fallecido en 1944 a la altura de la costa de Córcega**
- **Algunas de sus obras:**
  - *Vuelo nocturno* (1931), novela
  - *Tierra de hombres* (1939), novela
  - *El principito* (1945), novela

Antoine de Saint-Exupéry fue un aviador y escritor francés que nació en 1900 en Lyon y falleció en 1944, a la altura de la costa de Córcega, durante un vuelo de reconocimiento para las fuerzas aliadas. Pionero en la aviación postal, explorador infatigable, publicó entre los años 20 y 30 sus primeras obras literarias, gran parte de ellas autobiográficas (*Correo del Sur*, 1929; *Vuelo nocturno*, 1931).

El principito (1945) y *Tierra de hombres* (1939, Gran Premio de Novela de la Academia francesa) son dos de sus éxitos literarios más importantes.

VUELO NOCTURNO

ENTRE LA ACCIÓN Y LA POESÍA

- **Género**: novela
- **Edición de referencia**: de Saint-Exupéry, Antoine. 1982. *Vuelo nocturno*. Traducido por J. Benavent. Madrid: Ediciones Generales Anaya
- **Primera edición**: 1931
- **Temáticas**: aviación, heroísmo, miedo, noche, superación personal, deber

Saint-Exupéry escribe *Vuelo nocturno* en 1931 durante su estancia en Sudamérica, cuando es director de la Aeroposta argentina. *Vuelo nocturno* relata la verdadera epopeya que constituyó la instauración de vuelos nocturnos en avionetas, siendo cada vuelo una lucha contra la oscuridad (los aviones carecían de iluminación), contra el relieve y contra las condiciones meteorológicas, sin contar con las posibles averías mecánicas. Para transmitir toda esta complejidad técnica y sobre todo humana, *Vuelo nocturno* comparte en 23 breves capítulos las vivencias y los sucesivos pensamientos de Rivière (el director), de algunos pilotos, de la mujer de uno de ellos y del personal terrestre, que forma parte de la aventura. *Vuelo nocturno*, precedida de un prefacio de André Gide, obtuvo en 1931 el Premio Femina.

La trama se sitúa en Sudamérica, donde Rivière, el responsable de la red encargada del envío del correo de Sudamérica a Europa, intenta instaurar vuelos nocturnos. Son vuelos peligrosos y le costarán la vida a uno de sus pilotos, Fabien.

Fabien tiene como misión conectar la Patagonia y Buenos Aires. Describe las llanuras y los pueblos que sobrevuela, realiza una corta escala en San Antonio y, cuando cae la noche, vuelve a despegar. Se prepara concienzudamente para el vuelo a ciegas que le espera y, una vez en el aire, contempla el mundo centelleando a sus pies. A pesar del peligro que suponen sus misiones, los pilotos no pueden renunciar a su puesto, ya que el trabajo para ellos es una obsesión.

Por su parte, Rivière espera en Buenos Aires la llegada de los tres aviones que tienen que traer el correo que será posteriormente enviado a Europa. Tras cuarenta años de intenso trabajo junto a Leroux, el viejo contramaestre, se encuentra vencido por un cierto desánimo, tanto porque envejece como porque vive en una guerra infinita en la que cada avión que llega no es más que una batalla vencida más. Es un verdadero líder que logra que sus aviadores se superen a sí mismos y venzan el miedo para así ser más competentes. De esta forma, la red podrá prosperar.

Pellerin, uno de los pilotos, llega con el correo de Chile, feliz de seguir con vida tras haber atravesado un ciclón al sobrevolar la cordillera de los Andes. En el coche, de camino a las oficinas de la compañía, le cuenta con humildad a Rivière su lucha contra el ciclón. El inspector Robineau les acompaña. Es un hombre lánguido obligado a aplicar el reglamento sin que le tiemble el pulso, instado por Rivière a ser intransigente, incluso injusto, con el fin de que los pilotos se superen así mismos.

Durante el trayecto, Robineau reflexiona en varias ocasiones sobre cómo su ignorancia le ha hecho sentirse ridículo y, frente a las hazañas de Pellerin, su vida le resulta monótona y rutinaria. La soledad que entraña su trabajo le pesa, por lo que invita a Pellerin a cenar y este acepta. Cuando está en el hotel intentando congeniar con Pellerin, Rivière le llama, le recuerda su papel de jefe y le ordena imponer una sanción cualquiera a Pellerin para trazar una línea que separe sus respectivos estatutos: ningún sentimentalismo debe atenuar la determinación de sus pilotos.

En la oficina, Rivière se siente satisfecho: se anuncia una hermosa noche y todo transcurre de maravilla. Después, espera con impaciencia que un avión despegue de nuevo, pues cada minuto en tierra le parece una pérdida de tiempo. Para relajarse va a dar un paseo. Su amor por la profunda soledad de la noche le hace sentirse diferente a la gente que se agolpa a las puertas del cine. El sonido del teléfono despierta cada vez la angustia de una mala noticia, pero solo le llegan, por el momento, mensajes de servicio rutinarios y la previsión de un tiempo tempestuoso.

Cuando revisa las notas de servicio, vacila antes de firmar el despido de Roblet, un mecánico con veinte años de experiencia y con una familia que alimentar. Sin embargo, una llamada que le indica una nueva avería le recuerda que hay que luchar contra el mal, sea este cual sea: tiene que despedir a Roblet.

El operador radiotelegrafista de uno de los aviones divisa a lo lejos una tormenta y, un poco inquieto, observa a Fabien de espaldas. Cautivado por la impasibilidad, la concentración y la fuerza que demuestra, es invadido por una confianza ciega en su piloto. Como se había anunciado un tiempo más suave en Trelew, Fabien decide continuar su ruta a pesar de la tormenta que se avecina. Pero esta causa estragos en las ciudades de los alrededores y se ven acorralados por un ciclón. El depósito no les llega para aguantar hasta el alba, por lo que Fabien pide instrucciones. Al verse sumido en la tormenta, el piloto quiere aterrizar, pero se da cuenta de que está perdido sobrevolando el océano. Luchando contra violentas sacudidas, ve tres estrellas y decide ascender en su dirección. Fabien y el radiotelegrafista se elevan así a más de tres mil metros por encima de la tormenta. La belleza del cielo les deslumbra, pero saben que están sentenciados.

La situación de Fabien inquieta a Rivière. Intenta comunicarle la ubicación de un refugio alejado de la tormenta a su piloto. Sabe que un drama pondría en peligro todo lo que ha construido.

La mujer de Fabien, por su parte, está al tanto de la situación. Cuando Rivière habla con ella por teléfono se ve desarmado, pues cada uno encarna una concepción de la vida igualmente válida: ella cree tener derecho a la felicidad individual mientras que, para Rivière, la construcción de algo que perdure en el tiempo y que suponga un avance para la humanidad se sitúa por delante de todo lo demás.

Fabien y su radiotelegrafista están atrapados por encima del ciclón. Como solo les queda carburante para treinta minutos más, no cabe ninguna duda de que la aventura acabará de forma dramática. Rivière ha perdido ya la esperanza. Piensa, conmovido, que el mundo va a perder a dos de sus hijos, que se marcharán con dignidad y sin un solo grito.

Robineau se siente impotente e inútil. La mujer de Fabien, a la que la dignidad y el sufrimiento han vuelto solemne, no puede hacer nada más que esperar, al igual que Rivière. Consciente del mundo de amor que está a punto de ser destruido, ve en la disminución de la velocidad del trabajo de sus empleados una manifestación de la muerte.

Fabien anuncia que van a descender, y luego ya no reciben más noticias de ellos. La media hora de carburante que les quedaba se ha agotado y la aflicción se apodera de ellos. Rivière da algunas órdenes y después se aísla, antes de ponerse de nuevo a trabajar. Para él, no existe ni victoria ni derrota, siempre hay que seguir adelante. A Robineau le gustaría animar a Rivière, pero cuando se encuentra frente a él, solo se atreve a pedirle órdenes: los vuelos nocturnos deben continuar.

El piloto que tiene que llevar el correo a Europa aún duerme. Su mujer, a pesar de que admira a su marido y la misión que tiene por encargo, se siente triste al saber que no puede retenerle, que su atracción por las estrellas es más fuerte. De hecho, cuando el piloto se despierta, ya solo piensa en marcharse y en el vuelo que le espera. Sin embargo, durante un vuelo precedente, se dio media vuelta, preso del miedo, cuando sobrevolaba las montañas entre turbulencias y oscuridad.

Rivière, que quiere liberar a sus hombres del miedo, se lo reprende, recordando las reticencias que tuvo que vencer para que los vuelos comerciales nocturnos comenzasen. El avión que procede de Asunción realiza un viaje sin contratiempos. Cargan el correo en el avión que va a Europa y este despega.

ESTUDIO DE LOS PERSONAJES

RIVIÈRE

Rivière es un hombre de 50 años que «parec[e] siempre un eterno viajero; e[s] tan poco el aire que desplaz[a] su pequeña estatura, tan grises sus cabellos, y su ropa se adapt[a] tan bien a todos los decorados, que pas[a] casi inadvertido» (Saint-Exupéry 1982, cap. VI). A pesar de esta apariencia banal, es el «responsable de toda la red» (Saint-Exupéry 1982, cap. II) encargado de centralizar el correo de Sudamérica y enviarlo a Europa. Hace 40 años que trabaja sin tener nunca tiempo para «ocupa[rse] mucho del amor» (Saint-Exupéry 1982, cap. II).

Comparado varias veces con un «viejo luchador» (Saint-Exupéry 1982, cap. II) o con un león (Saint-Exupéry 1982, cap. IX), tiene como único objetivo expandir los vuelos nocturnos. Sin embargo, sabe que «no existe la llegada definitiva de todos los correos» (Saint-Exupéry 1982, cap. II), lo que le provoca un cierto desaliento debido a la edad y al cansancio.

Es un verdadero líder que incita a los pilotos a superarse, a olvidarse del miedo y a arriesgar su vida cada noche. Para él, el hombre es «cera virgen que ha[y] que moldear» (Saint-Exupéry 1982, cap. IV) puesto que está convencido de que «esos hombres son felices, porque aman lo que hacen, y lo hacen porque [él] es duro [con ellos]» (Saint-Exupéry 1982, cap. IV). De hecho, aplica con severidad el reglamento, aunque esto a veces parezca injusto o incluso inhumano.

No obstante, esta intransigencia crea en su interior una tensión entre la exigencia del deber y los sentimientos. A veces, su sensibilidad aflora en la intimidad de la noche, como cuando asocia a los pilotos desaparecidos con niños: «Algún sencillo labrador descubrirá tal vez a dos niños con el codo plegado sobre el rostro, durmiendo, al parecer [...]» (Saint-Exupéry 1982, cap. XVIII). A pesar de sus éxitos, expresa a veces arrepentimientos apenas disimulados («Sin embargo me gustaría mucho rodearme de la amistad y de la dulzura humanas», Saint-Exupéry 1982, cap. XI), consideraciones pronto enterradas por su sentido del deber, incluso en la adversidad, puesto que «los fracasos robustecen a los fuertes» (Saint-Exupéry 1982, cap. XIII).

ROBINEAU

Según Rivière, Robineau «no piensa nada [...]; eso le evita pensar mal» (Saint-Exupéry 1982, cap. IV) y le permite prestar «grandes servicios» (*ib.*). Por ello, Rivière le ha nombrado inspector para que aplique sin piedad el reglamento.

Es un hombre miserable, herido en su orgullo, que afirma que «su propia vida e[s] gris» (Saint-Exupéry 1982, cap. V) en comparación con la de los pilotos. Le gustaría sentirse admirado, salvando por ejemplo «a la Compañía de algún gran peligro» (*ib.*), pero tiene que contentarse con redactar insignificantes informes. Experimenta, por tanto, un profundo sentimiento de inutilidad, de desánimo y de desprecio hacia sí mismo, cuya ignorancia le ha hecho pasar en innumerables ocasiones por un idiota (*ib.*).

Un eczema, su pasión por la geología y una amante en

Francia que le tiene tirria (*ib.*) son los únicos elementos que marcan su existencia, que soporta como una pesada carga.

LOS PILOTOS

Solo dos de los cuatro pilotos que aparecen en *Vuelo nocturno* tienen nombre (Pellerin y Fabien), pero no se realiza una descripción física de ninguno de ellos: lo que les define es su función («el piloto Fabien», capítulo I) y sobre todo el recorrido del que se encargan, como «piloto del correo de Europa» (Saint-Exupéry 1982, cap. IX). Constituyen el arquetipo de piloto.

Sus manos reciben, no obstante, un trato literario especial, no solo porque de su habilidad depende la suerte de la carga que transportan, sino también porque simbolizan la capacidad de actuación que tiene el hombre sobre los acontecimientos: Fabien piensa que «bastaría que él mismo abriera simplemente las manos, para que sus vidas se esfumasen inmediatamente» (Saint-Exupéry 1982, cap. XV).

Los pilotos, en apariencia banales, como Pellerin, que está «quebrantado por la fatiga, acurrucado en el ángulo del coche, con los ojos cerrados y las manos negras de aceite» (Saint-Exupéry 1982, cap. V), son en realidad hombres excepcionales que arriesgan cada noche su vida, luchando contra la oscuridad, el tiempo y la naturaleza, que no siempre les es favorable. La importancia de su misión –llevar el correo sin contratiempos– queda bien descrita por la mujer del piloto del correo de Europa: «Contemplaba aquellos brazos sólidos, que dentro de una hora llevarían la suerte del correo de Europa, responsables de algo grande, como la suerte de una ciudad. [...] Aquel hombre, en medio de aquellos millones de hombres, era el único preparado para el extraño sacrificio» (Saint-Exupéry 1982, cap. X).

Sin embargo, a pesar de sus hazañas, se muestran humildes y profesionales, como Pellerin al hablar de su vuelo atravesando el ciclón «como un herrero de su yunque» (Saint-Exupéry 1982, cap. IV). Su obsesión es volar, y sienten un placer inmenso a pesar de los riesgos a los que se enfrentan y que les enseñan «lo que vale el mundo entrevisto bajo cierta luz» (*ib.*). Se crean entre ellos fuertes lazos; cuando Fabien muere, «una gran fraternidad los dispens[a] de las frases hechas» (Saint-Exupéry 1982, cap. XXII).

Pellerin y Fabien son dos caras de una misma moneda: ambos se enfrentan a un ciclón, pero el primero se salva y el segundo fallece, y poniendo de manifiesto que los sueños entrañan siempre multitud de victorias y de fracasos.

CLAVES DE LECTURA

EL MUNDO VISTO DESDE EL CIELO

En varios capítulos (I, VII, XII, XV, XVI, XXII) parece que el lector se encuentra al lado de los pilotos. Se ve sumergido en la epopeya de la aviación:

- gracias al abundante vocabulario temático –las cinco toneladas de metal de «la carlinga, [...] el giroscopio, [...] el altímetro, [...] las luces de posición» (Saint-Exupéry 1982, cap. I), «la manecilla de los gases» (Saint-Exupéry 1982, cap. X), etc.;
- porque comparte la percepción que los pilotos tienen del mundo, afectada por la altitud y la velocidad;
- antes de aterrizar, «la aldea se desliz[a] a flor de alas» (Saint-Exupéry 1982, cap. II), y el piloto «invierte el paisaje» (Saint-Exupéry 1982, cap. X) tirando de la manecilla de los gases;
- tienen lugar efectos de zoom inverso, por ejemplo cuando, en sus casas, «aquellos hombres creen que su lámpara brilla para su humilde mesa, pero alguien, a ochenta kilómetros, percibe el brillo de esa luz» (Saint-Exupéry 1982, cap. I);
- como todo se lleva a otra escala, el autor utiliza numerosas comparaciones y metáforas: el piloto es un pastor cuyas ovejas (las ciudades vistas desde el cielo) vienen a «beber en el ribazo de un río o [...] pac[en] en la llanura» (*ib.*), etc.

Esta sumersión en el mundo de la aviación se ve reforzada

por el hecho de que los pilotos no tienen la impresión de pertenecer al mundo que sobrevuelan:

- están realmente solos en la inmensidad del cielo;
- arriesgan a menudo su vida, como Pellerin, que lo primero que siente cuando regresa son ganas de «insulta[r] [a la gente que está en tierra] por estarse allí, tranquilos, seguros de vivir, admirando la luna» (Saint-Exupéry 1982, cap. III);
- la altitud les da la sensación de estar contemplando la eternidad: «los jardines cerrados por viejos muros» (Saint-Exupéry 1982, cap. I) que Fabien sobrevuela le parecen «eternos por el hecho de perdurar fuera de él» (*ib.*).

Vuelo nocturno se asienta principalmente sobre una inmensa metáfora continuada: los pilotos son como marineros, a bordo de su avión/navío, surcando los vastos mares que son las planicies, el cielo y, sobre todo, la noche. Así, la mujer de un piloto le observa mientras duerme y admira «aquel pecho desnudo, bien carenado» (Saint-Exupéry 1982, cap. X), pensando «en un hermoso navío» (*ib.*). Los aviones tienen una «capota, pesada como una chalana» (Saint-Exupéry 1982, cap. II) y tal o cual piloto habla de «cien kilómetros de estepas más desiertas que el mar» (Saint-Exupéry 1982, cap. I), de una «marejada de praderas» (*ib.*), del «esplendor de un mar de nubes» (Saint-Exupéry 1982, cap. XVIII), de vientos que empujan «su gran oleaje favorable» (Saint-Exupéry 1982, cap. VI), o incluso de «aristas» (Saint-Exupéry 1982, cap. III), «picachos» (*ib.*) de las montañas que penetran, «como rodas en el viento duro» (*ib.*), o viran y derivan alrededor del piloto «como gigantescos navíos» (*ib.*).

LA CONQUISTA DE LA NOCHE

La instauración de vuelos comerciales nocturnos es, según Rivière, «una cuestión de vida o muerte, puesto que [sin esos vuelos pierden] por la noche lo que gana[n] durante el día a los ferrocarriles y navíos» (Saint-Exupéry 1982, cap. XI). Se trata de un verdadero desafío, ya que la noche está llena de misterios y de peligros relacionados con las condiciones materiales y los caprichos meteorológicos.

Además de las posibles averías mecánicas, el principal enemigo de los pilotos es la falta de visibilidad. Cada fuente de luz es por tanto un bien precioso, sea la luna o una casa que se ilumina «frente a la inmensa noche» (Saint-Exupéry 1982, cap. I) como «un faro hacia el mar» (*ib.*) puesto que, a bordo, solo disponen de la tenue luz del «radio de las esferas» de sus instrumentos (*ib.*) y de «una pequeña lámpara de minero» (Saint-Exupéry 1982, cap. VII).

Las condiciones meteorológicas son el segundo elemento decisivo del vuelo. La asociación entre la noche y el mar es la más utilizada para evocar la dificultad de las condiciones en que trabajan. Cuando un avión llega sin contratiempos a su destino, es que la noche, «como un mar, lleno de flujo y reflujo y misterios, deposita en la playa el tesoro que ha zarandeado tanto tiempo» (Saint-Exupéry 1982, cap. II). Rivière tiene constantemente la sensación de «saca[r] a sus tripulaciones de la noche hasta la orilla» (*ib.*). Cuando hace viento, o se desata una tormenta o un ciclón, el piloto siente, por su parte, «los primeros remolinos de la lejana tormenta» (Saint-Exupéry 1982, cap. VII), las colinas son «olas vertiginosas [que] corr[en] hacia él» (Saint-Exupéry 1982, cap. XV) y Fabien, perdido en la tormenta, desearía esperar al alba, esa «playa de arena dorada donde [él] habría encallado después de aquella dura noche» (Saint-Exupéry 1982, cap. XII).

El autor nos presenta, por tanto, el relato de una lucha heroica que se libra entre el hombre y la noche, lo que se ve reflejado en todo momento gracias al empleo de un lenguaje de guerra. Rivière, al final de la obra, es apodado Rivière-el-Grande y Rivière-el-Victorioso (Saint-Exupéry 1982, cap. XXIII), lo que le asocia innegablemente a Alejandro el Grande, más conocido como Alejandro Magno, con el que comparte la misma sed de conquistas y de posesión de un vasto imperio: «Esta noche, con mis dos correos en vuelo, soy responsable del cielo entero» (Saint-Exupéry 1982, cap. VIII). A veces se acuerda de las numerosas «batallas que ha librado por la conquista de la noche» (Saint-Exupéry 1982, cap. XI), habla del ruido de los aviones que despegan como «el paso formidable de un ejército en marcha hacia las estrellas» (Saint-Exupéry 1982, cap. XXIII), y Fabien se siente, por su parte, un caballero con un avión por montura, «arrastrado en la grupa [...] en aquel galope» (Saint-Exupéry 1982, cap. VII) hacia una tormenta, similar a «la nuca de una bestia» (*ib.*).

Pero a veces la oscuridad depara una «noche difícil de vencer» (Saint-Exupéry 1982, cap. XIII), como aquella en la que Fabien y su radiotelegrafista mueren.

TRABAJO COLECTIVO Y FELICIDAD INDIVIDUAL

En *Vuelo nocturno* se oponen dos concepciones distintas de la vida, encarnadas por diversos personajes o que luchan en el corazón de una misma persona.

Por una parte, hombres como Rivière consideran que aferrarse a pequeños momentos de felicidad es ilusorio, puesto que la muerte vendrá antes o después a destruirlos (Saint-Exupéry 1982, cap. XIV). Estos hombres deducen que «tal vez existe alguna otra cosa más duradera que salvar» (*ib.*) que la vida de cada individuo, «si no es así, la acción no se justifica» (*ib.*). Ellos lo sacrifican todo en nombre de otra cosa: del avance del hombre, que no puede ser más que el fruto de un trabajo colectivo, como lo concibe Rivière (observa «[a] los secretarios, a los peones, a los mecánicos, a todos los que lo habían ayudado en su obra», capítulo XIX). Pero esto tiene un precio: todos han tenido que renunciar a sí mismos y demostrar abnegación o valentía. Los sentimientos tampoco tienen a penas cabida, hasta el punto que Rivière declara: «No sé si lo que hago está bien. No sé cuál es el exacto valor de la vida humana, de la justicia, o de la tristeza. No sé exactamente lo que vale la alegría de un hombre. O una mano que tiembla. O la piedad, o la dulzura...» (Saint-Exupéry 1982, cap. IX). La acción prevalece sobre todo lo demás, sea la felicidad individual, las emociones o las pérdidas humanas. Incluso cuando el avión de Fabien se estrella, Rivière considera que es necesario «manda[r] callar [...] a la emoción» (Saint-Exupéry 1982, cap. XIII), porque «no ayuda a salvar a los hombres» (*ib.*), y apela a la necesidad de volver al trabajo.

La segunda concepción de la vida la encarnan principalmente las mujeres de los pilotos, sobre todo la de Fabien. Ella, por el contrario, acepta reducir la existencia humana a una suma de pequeños y efímeros momentos de felicidad y reconocer el valor de cada ser humano. Allá donde Rivière y los secretarios ven éxito y avances, la mujer de Fabien solo ve «expedientes donde la vida humana, el dolor humano, no dej[a] otro residuo que el de las duras cifras» (Saint-Exupéry 1982, cap. XIX). Su simple presencia en la oficina de la compañía y su angustia revela «a los hombres el mundo sagrado de la felicidad» (*ib.*) y Rivière admite que ella encarna un «canto [...] triste, pero enemigo. Pues ni la acción ni la felicidad individual admiten particiones: están en conflicto» (Saint-Exupéry 1982, cap. XIV).

Esto no impide que, en ocasiones, Rivière sea preso de las dudas: «Estos hombres [...] que tal vez van a desparecer habrían podido vivir dichosos» (*ib.*). Más tarde, incluso llegará a comprender que estas dos concepciones de la vida comparten una raíz: «No pedimos ser eternos, sino no ver que los actos y las cosas pierden de repente su sentido» (Saint-Exupéry 1982, cap. XIX).

Los pilotos, por su parte, navegan de una concepción a la otra, como Fabien, que al principio de *Vuelo nocturno* duda un instante sobre si instalarse en uno de los pueblos en los que hace escala, porque «también se es rico de las propias miserias [...] y de ser aquí un hombre simple» (Saint-Exupéry 1982, cap. I). Pero el amor por su profesión, la aventura, el cielo y la soledad se revelan rápidamente como la prioridad y, hasta el final, demostrará valentía, aceptando la muerte con fatalidad y dignidad porque «algún día tenía que ocurrir» (Saint-Exupéry 1982, cap. XV).

PISTAS PARA LA REFLEXIÓN

ALGUNAS PREGUNTAS PARA PROFUNDIZAR EN SU REFLEXIÓN...

- En *Tierra de hombres*, Saint-Exupéry escribe: «Quizá la grandeza de un oficio consista, más que nada, en unir a los hombres. Sólo existe un lujo verdadero, y es el de las relaciones humanas». ¿De qué manera podemos aplicar esta afirmación a *Vuelo nocturno*?
- Rivière afirma que él «obedece» a los acontecimientos. ¿Qué consecuencias tiene esto en su vida, en su comportamiento, en sus elecciones y en su relación con los demás?
- ¿Por qué la mujer de Fabien dice, cuando se encuentra en las oficinas de la compañía, que por su simple presencia «adivinaba con embarazo que representaba [allí] una verdadera enemiga»? ¿A qué se refiere con «verdadera enemiga»?
- Antes de ser piloto, Saint-Exupéry quería ser marinero. ¿Cómo se refleja esto en su prosa?
- Explique por qué Saint-Exupéry dice de Rivière al final de la novela: «Rivière-el-Grande [...] lleva su pesada victoria».
- ¿Por qué podemos afirmar que el silencio y la soledad son dos elementos esenciales en la novela?
- En una carta, Saint-Exupéry escribe: «El valor [...] no está formado por muy hermosos sentimientos: un poco de rabia, un poco de vanidad, mucha testarudez y un vulgar placer deportivo. Sobre todo, la exaltación de la propia fuerza física que, no obstante, ahí no pinta nada». ¿Se

aplica esta definición a los pilotos de *Vuelo nocturno?*

¡Su opinión nos interesa!
¡Deje un comentario en la página web de su librería en línea,
y comparta sus favoritos en las redes sociales!

PARA IR MÁS ALLÁ

EDICIÓN DE REFERENCIA

- de Saint-Exupéry, Antoine. 1982. *Vuelo nocturno.* Traducido por Juna de Benavent. Madrid: Ediciones Generales Anaya.

ADAPTACIÓN

- *Vuelo nocturno.* Dirigida por Clarence Brown, con John Barrymore, Helen Hayes y Clark Gable. Estados Unidos, MGM: 1933.

ResumenExpress.com

GUÍA DE LECTURA

Muchas más guías para descubrir tu pasión por la literatura

www.resumenexpress.com

© **ResumenExpress.com, 2016. Todos los derechos reservados.**

www.resumenexpress.com

ISBN ebook: 9782806275059

ISBN papel: 9782806286567

Depósito legal: D/2016/12603/591

Cubierta: © Primento

Libro realizado por Primento, *el socio digital de los editores*